curio?idad por

LEGO

T0004799

POR RACHEL GRACK

¿Qué te causa

curiosidad?

CAPÍTULO TRES

3

Apuesto a
que no sabías...

PÁGINA
18

Curiosidad por es una publicación de Amicus
P.O. Box 227, Mankato, MN 56002
www.amicuspublishing.us

Editora: Alissa Thielges
Diseñadora: Kathleen Petelinsek
Investigación fotográfica: Omay Ayres

Información del catálogo de publicaciones
de la biblioteca del congreso
Names: Koestler-Grack, Rachel A., 1973- author.
Title: Curiosidad por LEGO / por Rachel Grack.
Other titles: Curious about LEGO. Spanish
Description: Mankato, MN: Amicus, [2024] | Series: Curiosidad
por las marcas favoritas | Includes index. | Audience: Ages 6–9
| Audience: Grades 2–3 | Summary: "Kid-friendly questions
give elementary readers an inside look at LEGO to spark their
curiosity about the brand's history, products, and cultural impact.
Translated into North American Spanish"—Provided by publisher.
Identifiers: LCCN 2022048066 (print) | LCCN 2022048067
(ebook) | ISBN 9781645495925 (library binding) | ISBN
9781681529592 (paperback) | ISBN 9781645496229 (ebook)
Subjects: LCSH: LEGO toys—Juvenile literature.
Classification: LCC TS2301.T7 K6418 2024 (print) | LCC
TS2301.T7 (ebook) | DDC 688.7/25—dc23/eng/20221006
LC record available at https://lccn.loc.gov/2022048066
LC ebook record available at https://lccn.loc.gov/2022048067

Créditos de las imágenes © Alamy/PictureLux/The Hollywood
Archive 21, Reuters 13, Sam Stephenson 5, Wojciech Stró-
zyk 18–19; Dreamstime/Aguina 16 (California), Chengusf 16
(Florida), Chengusf 7 (t), FabioConcetta 7 (b), Renata Tyburczy
16 (New York), Senatorjoanna 17 (Denmark); iStock/juniorbeep,
cover; The LEGO Group 9; Shutterstock/AlesiaKan 10–11,
14–15, anastas_styles 16 (UK), askarim 12, Ekaterina_Minaeva
6 (t), 20, Irina Rogova 17 (Germany), Jsita 17 (Japan),
Martial Red 22, 23, ovbelov 17 (UAE), Radu Bercan 6 (b),
Vivi Ramadhani 17 (Malaysia); Wikimedia Commons 4, 5

Impreso en China

¿De dónde vino LEGO?

Ole Kirk Kristiansen

Kiddicraft tuvo la idea primero. La compañía hacía ladrillos de plástico que podían apilarse. A Ole Kirk Kristiansen le gustó la idea. Él inició LEGO en Dinamarca en 1936. El nombre de LEGO proviene de las palabras danesas ***leg go**dt*. Significa «jugar bien». En 1949, él empezó a vender los ladrillos de juguete. ¡Estas fueron las primeras piezas de LEGO!

BAKER'S SHOP

34

Start by building the back, and watch exactly where whole bricks and half bricks should be used. It will be necessary to put a strip in position over the window in the back wall.

Parts required:—55 whole bricks.
29 half bricks.
1 Baker's shop window.
1 glass shop door.
1 large window.
1 strip.
1 roof.

KIDDICRAFT SELF-LOCKING BUILDING BRICKS

35

The submarine is built solid except for the conning tower. Start by making three lines side by side each nine bricks long and each joined together by three strips. Then build up as shown in illustration. The periscope is a wooden strip supported by a half brick on its side dropped into the conning tower.

Parts required:—55 whole bricks.
30 half bricks.
10 strips.

KIDDICRAFT SELF-LOCKING BUILDING BRICKS

BRI-PLAX
INTERLOCKING BUILDING CUBES

Suitable from 1 year to 5 years

Building Cubes have always been "favourite" toys during the first few years. BRI-PLAX INTERLOCKING BUILDING CUBES are miles ahead of the ordinary painted or polished ones, as they build up so much better. They are self-coloured and it is impossible for a child to remove the slightest trace of the material or colour even with constant sucking, biting and gnawing. They are completely hygienic and can be washed indefinitely.

A Hilary Page Design

Los ladrillos LEGO estuvieron inspirados de otros ladrillos de construcción

minifiguras LEGO

¿LEGO vende solo ladrillos?

Puedes comprar mucho más que ladrillos en esta tienda LEGO en Rumania.

Puedes hospedarte en este hotel en el **LEGOLAND** de Florida.

Ya no. ¡Esos ladrillos pequeños construyeron la compañía de juguetes más grande del mundo! La **marca** también vende libros, rompecabezas y juegos de mesa. Sus minifiguras son personajes de películas y videojuegos. LEGO también tiene diez **parques de diversiones**. Los ladrillos siguen siendo el favorito de todos los tiempos. LEGO cree en el aprendizaje a través del juego.

¿SABÍAS?

Los ladrillos LEGO no han cambiado desde 1958. ¿Te falta una pieza? Ve si tus amigos tienen una que puedan prestarte.

¿Cuál fue el primer set de LEGO?

Hasta 1955, los niños solo usaban su imaginación para construir. Luego LEGO hizo sets con instrucciones para construir. El primer set de LEGO fue una garaje para un auto. Pronto le siguieron otros sets. La gente empezó a coleccionarlos para construir todo un pueblo de LEGO. Ahora los sets pueden tener cientos de piezas. Lleva horas armarlos.

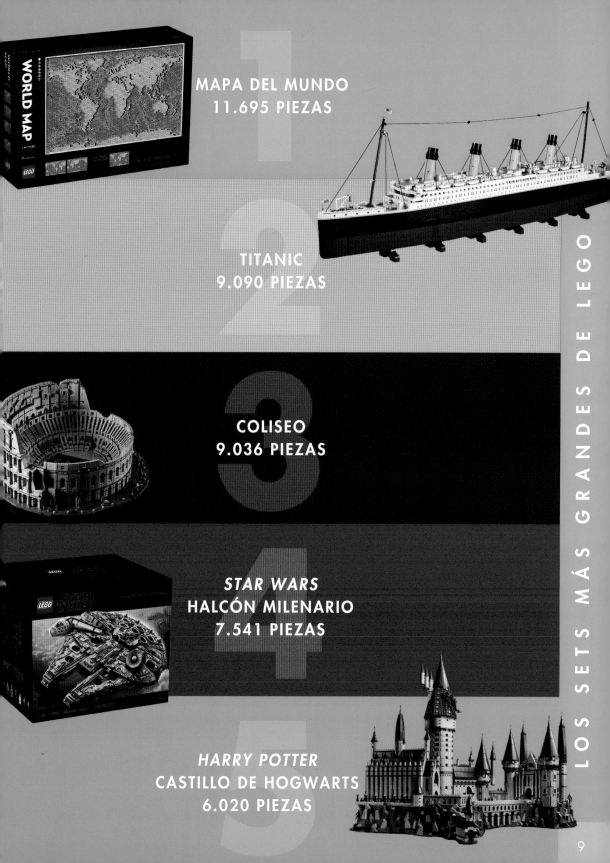

MAPA DEL MUNDO
11.695 PIEZAS

TITANIC
9.090 PIEZAS

COLISEO
9.036 PIEZAS

STAR WARS
HALCÓN MILENARIO
7.541 PIEZAS

HARRY POTTER
CASTILLO DE HOGWARTS
6.020 PIEZAS

LOS SETS MÁS GRANDES DE LEGO

Puedes armar
robots gato o
robots perro.

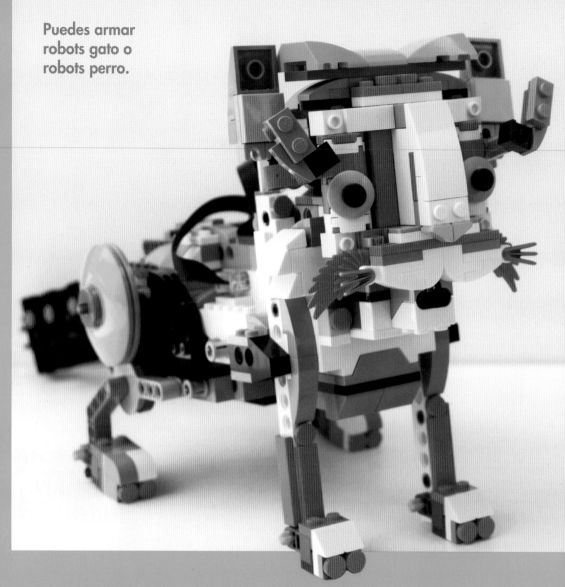

¿Puedo armar sets de LEGO que se muevan?

¡Claro! Muchos sets de LEGO incluyen ruedas, bisagras y hélices. Arma tus propias partes móviles con engranajes y ejes. ¡Los sets de robots pueden moverse por sí solos! Puedes **programar** a los robots para que hagan muchas cosas geniales. Dales órdenes desde tu tableta o celular. Tal vez puedas programar uno para que limpie tu cuarto.

¿Cómo es trabajar en LEGO?

Oficina central de LEGO en Billund, Dinamarca

¡Los **diseñadores** de LEGO juegan duras todo el día! Ellos trabajan en Dinamarca. Primero, dibujan sus ideas. Después, van a la biblioteca de LEGO. Contiene todas y cada una de las piezas de LEGO jamás creadas. Recogen una pila de ladrillos y empiezan a construir. Para terminar cada set, se necesita tiempo y trabajo de equipo. ¡Suena divertido!

Nathan Sawaya, un artista de LEGO, posa al lado de su creación, «Hombre azul sentado».

¿Cómo puedo mostrar mis habilidades de construcción?

Niños y niñas construyen y programan robots.

¡Participa en un concurso de LEGO! Algunas escuelas tienen equipos de FIRST LEGO League. Es una buena manera de practicar. Alumnos de la misma edad **compiten** entre sí. ¿Alguna vez has visto el programa de TV *LEGO Masters*? Los jugadores se enfrentan para demostrar quién es el mejor constructor con ladrillos. ¡Tal vez podrías ser tú el siguiente!

¿Qué es LEGOLAND?

California

Nueva York

Florida

¡Imagina un parque construido con LEGOs! Todos los juegos mecánicos y **atracciones** parecen como sets de LEGO. Las familias pueden incluso tomar clases para aprender trucos de construcción con ladrillos. Cada parque tiene su propia Miniland. Allí se exhiben modelos de LEGO de los lugares populares de cada ciudad. Hay parques por todo el mundo.

namarca

Alemania

Emiratos
Árabes
Unidos

Japón

Malasia

¿Cuál es el modelo de LEGO más grande jamás construido?

El Ala-X se construyó en Dinamarca y se llevó a California.

Por ahora, es un Ala-X de *Star Wars*. Se necesitaron
17.000 horas y 32 personas para construirlo. ¡Tiene
más de 5 millones ladrillos! La nave espacial es
un modelo de tamaño real. Estuvo exhibida en el
LEGOLAND de California. El Ala-X rompió el récord
del Herobot 9000. Este robot cuida la tienda LEGO
en el Mall of America de Minnesota. Mide 34 pies
(10 metros) de alto.

¿Las películas de LEGO usan ladrillos reales?

Sí. Algunas escenas están construidas a mano. Otras usan ladrillos **digitales**. Se unen por computadora. Todo lo que ves en pantalla está hecho de ladrillos. Esto incluye el humo, el agua, el fuego y las explosiones. Se ve igual a un set de LEGO real. Algunas piezas muestran las huellas dactilares de los jugadores. LEGO cumple su promesa de hacer divertido el aprendizaje.

¿SABÍAS?
La película LEGO **usó más de 1 5 millones de ladrillos.**

THE LEGO MOVIE

¡La película *LEGO* fue
un éxito de taquilla!

HAZ MÁS PREGUNTAS

¿Cómo puedo aprender a construir libremente con LEGOs?

¿Puedo hacer una película LEGO?

Prueba con una PREGUNTA GRANDE:
¿Qué habilidades necesitan los maestros constructores de modelos?

BUSCA LAS RESPUESTAS

Busca en el catálogo de la biblioteca o en Internet.
Pueden ayudarte tus padres, un bibliotecario o un maestro.

Usar palabras clave
Busca la lupa.

Q

Las palabras clave son las palabras más importantes de tu pregunta.

?

Si quieres saber sobre:
- qué construir libremente, escribe: IDEAS PARA CONSTRUIR CON LEGO
- cómo hacer una película, escribe: HACER UNA PELÍCULA LEGO

GLOSARIO

atracción Un edificio, una estatua, una actividad divertida u otra cosa interesante que llama la atención de la gente.

competir Tratar de superar a otras personas para ganar algo.

digital Que tiene que ver con computadoras o aparatos electrónicos.

diseñador Alguien que convierte las ideas en un producto nuevo.

marca Un grupo de productos hechos por una misma compañía o que le pertenecen.

parque de diversiones Un gran parque al aire libre con atracciones, actividades y restaurantes.

programar Darle a una computadora un conjunto de instrucciones para que realice una acción en particular.

ÍNDICE

Acerca de la autora

Rachel Grack es editora y escritora de libros para niños desde 1999. Vive en un pequeño rancho en el sur de Arizona. Como para todo amante de las historias, Disney siempre fue muy importante para ella. También disfruta ver cómo sus nietos juegan juegos de Pokémon en su consola Nintendo 64.